LES HISTOIRES INSPIRANTES DE GRATITUDE

Leuda Castilho

Remerciements

Je remercie Dieu pour sa protection divine pendant tous les jours de ma vie sur notre planète Terre et pour m'avoir permis d'atteindre ce niveau d'évolution. Je remercie également mes maîtres spirituels qui m'ont appris, pas à pas, une partie du gigantesque puzzle de la vérité. Je suis profondément reconnaissante à tous ceux qui ont traversé ma vie et qui m'ont inspiré, ému et éclairé par leur présence. De même, je voudrais exprimer ma reconnaissance et ma gratitude aux personnes suivantes pour leur aide et leurs contributions extraordinaires dans ma vie et à la création de ce livre: à mes meilleurs mentors pour la vie, mes parents, Josué Faustino et Hilda Oliveira, une femme incomparable qui n'a jamais cessé de croire en ma capacité à aller loin et qui a toujours été à mes côtés. Et aussi à mon amie Natalia Rodrigues, dont le soutien et l'inspiration dans mon cheminement de croissance personnelle ne m'ont jamais manqué. Merci par ailleurs à mon mentor et écrivain Willam Sanches. De la même manière, j'aimerais remercier la merveilleuse équipe composée de Rogerio Zanardi et João Zanardi, de la société Mark Digital Wedobyte, dont l'enthousiasme pour travailler à la création de ce livre m'a motivé et stimulé du début à la fin. Remerciements particuliers à l'écrivain Joan Carles Guix, dont les précieux avis m'ont été d'une grande aide dans la publication de ce livre. Je continue donc à dire un grand merci pour l'opportunité d'éditer mon premier ouvrage sur la Gratitude. La vie est un cadeau ! Merci, merci, merci !

Un câlin... Toujours la Gratitude !

CONTENTS

AVANT-PROPOS

Quand j'étais gamine, grandissant à Pacajá, une petite ville à l'intérieur du Brésil, qui à ce jour ne dépassera pas cinquante mille habitants, je n'aurais jamais imaginé que les expériences que me réservait la vie pourraient aider tant de gens dans le futur. Juste savoir que ce message traverse l'océan et change la façon de vivre de beaucoup de gens me remplit l'âme de gratitude.

Dans la vie, nous traversons tous beaucoup de tribulations et de problèmes. Mais il y a des moments où nous avons envie de jeter l'éponge. C'est normal, nous sommes humains. Nous avons le droit de douter, mais aussi l'obligation d'aller de l'avant à ce moment-là. Et c'est exactement ce qui m'arrivait quand l'univers mit la Gratitude sur mon passage.

C'était comme un baume, une lumière qui pénétrait dans la pièce sombre où je me trouvais, qui s'écoulait, au départ, comme un fil, jusqu'à ce que tout soit complètement inondé de clarté.

C'était l'année 2016, je me noyais dans les problèmes qui m'avaient conduit à d'innombrables situations compliquées dans différents aspects de la vie, me précipitant dans une forte dépression, en brisant entièrement mon amour-propre, troublant mon entendement et rendant presque impossible la tâche de trouver une issue.

Beaucoup de personnes le découvriront maintenant dans ces lignes. Même la famille et les amis proches n'avaient pas remarqué. Comme beaucoup d'entre vous, je n'aime pas non plus raconter mes luttes, n'est-ce pas ? Au fond de moi, je crois que personne n'aime ça ; nous le faisons habituellement quand nous sommes déjà au bord de l'épuisement. Je le comprends. Je te comprends.

Tout ce qui m'arrivait n'était pas pour ignorer le sens de la gratitu-de, qu'à l'époque je connaissais bien, mais pour avoir fait une mauvaise pratique d'elle, ce qui est très courant, plus que nous ne l'imaginons. Je remerciais et je me plaignais, je remerciais et, juste après, je me plaignais à nouveau de quelque chose ou de quelqu'un.

Je voudrais que vous concentriez votre attention sur cela. Se plaindre est mal et se plaindre de quelqu'un d'autre est encore pire. C'est terrible. Les conséquences pour la vie de chacun sont fatales : vous n'avancez pas, vous êtes coincée et piégée au moment où vous avez vécu l'expérience avec cette personne. Il faut lâcher prise et faire confiance. Si vous rencontrez toujours cette erreur, je vous recommande de la corriger dès que possible, puisque les bénéfices pour la vie sont immédiats.

Me rendre compte de la mauvaise pratique que je faisais de la Gratitude marqua un tournant dans ma vie. Je décidai de changer ma façon de vivre, de devenir une personne vraiment reconnaissante dans n'importe quelle circonstance qui m'arriverait.

Quoi qu'il arrive, que je le veuille ou non, je tout le remercie. Je suis reconnaissante parce que je sais que tout ce qui m'arrive me prépare à quelque chose dans le futur, quelque chose qu'il ne sera peut-être pas en mesure de comprendre aujourd'hui, mais qui aura bientôt un sens. Et aussi important que de remercier est de ne pas se plaindre. Une action est directement liée à l'autre.

Quand j'adaptai mon chemin à la Gratitude, je commençai à remarquer le changement positif dans ma vie quotidienne. Alors, j'avertis que, si je puisse avoir quelque chose ou quelqu'un à qui se tourner dans les situations difficiles, juste comme je le fais maintenant avec ce livre, je combattrais dans mes batailles plus efficacement, avec plus de désinvolture et moins d'effort.

Quoi qu'il en soit, je vous prie d'accorder la plus grande attention à ce qui suit : à aucun moment, je le répète, à aucun, j'ai dit que vous n'aurez pas à vous battre. La vie est une lutte constante, cela va des astres de l'univers aux micro-organismes. Pour qui nous prenons-nous pour ne pas avoir à le faire ? N'est-ce pas ? Mais ce que je peux te garantir, c'est que, si vous obtenez que la Gratitude soit le fondement de votre façon de vivre, vous traverserez les champs de bataille confiants dans la victoire, parce que la gratitude est la loi de retour. Si je suis reconnaissante, je vaincs toujours.

Rendez-vous compte que je ne dis pas « Si " je remercie " », mais « Si " je suis " reconnaissante », parce que, malgré les apparences, la différence est très notable.

Je suis reconnaissante parce que la Gratitude est ma vie, elle fait partie intégrante de mon être, c'est une habitude, c'est ma manière de vivre. Et pour cette raison, l'Univers me donne toujours de nouvelles raisons de continuer à remercier.

Toutes les lignes qui composent ce livre sont pensées afin que vous puissiez y accéder facilement et trouver, immédiatement, le baume qui t'aidera à aller de l'avant. Combien j'aurais aimé avoir un tel outil dans mes moments de tristesse, de douleur et d'affliction !

En pratiquant les conseils que je vais maintenant partager avec vous, l'Univers vous offrira de nouvelles situations pour continuer à remercier. Du fond de mon cœur, je vous invite, cher lecteur, à intérioriser ces paroles, dans l'espoir de vous aider dans tous les domaines de votre vie.

Merci ! Merci ! Merci !
Toujours la Gratitude !
Leuda Castilho

L'HISTOIRE DE LA LUCIOLE ET DU SERPENT

La légende raconte qu'un jour, un serpent s'est mis à la poursuite d'une luciole, et bien que celle-ci ait tenté de fuir rapidement le féroce prédateur, le serpent n'abandonnait pas.

Au cours des deux premièrs jours, il la suivit sans relâche, et le troi-sième jour, impuissante et presque sans force, la luciole s'arrêta et dit au serpent :

— Je peux vous poser trois questions ?

— Tu vois, la luciole. En fait, je n'ai pas l'habitude d'accorder ce privilège à qui que ce soit. Cependant, puisque je vais vous dévorer et que vos minutes sont comptées, vous pouvez le faire, répondit le serpent.

— Est-ce que j'appartiens à votre chaîne alimentaire ?, demanda la luciole.

— Non, le serpent répondit.

— Est-il possible qu'il vous ait fait du mal ?, continua la luciole.

— Non plus, répondit encore la vipère.

— Alors pourquoi voulez-vous me tuer ? C'était la troisième et dernière question.

— Parce que je ne supporte pas de vous voir briller, conclut le serpent.

Conclusion

À tout moment, un serpent peut croiser notre chemin… mais n'ayez pas peur ! Sur ce chemin, il y aura toujours des jours où nous aurons le sentiment que les gens nous dévorent et éteignent notre éclat. Dans ce cas, essaie d'être comme la luciole, qui, armée de courage, lui fit face sans se décourager. Parce que celui qui a sa propre lueur, rien ni personne ne pourra l'éteindre.

Toujours la Gratitude !

Réflexions

UN VIEUX MAÎTRE D'ÉCOLE

Il était une fois... Un jour de mars, il y a longtemps, un vieux maître d'école amena des ballons à sa classe et en donna un à chaque élève, leur demandant de mettre leur nom sur le ballon qu'il leur avait donné, les laisser sur le sol et sortir de la classe.

En dehors de la classe, il leur dit :

— Vous avez cinq minutes pour trouver le ballon qui porte votre nom.

Les garçons, s'écrasant les uns les autres, se précipitèrent dans la salle de classe pour faire ce que leur avait dit le maître. Les ballons tournaient ici et là avec l'agitation des enfants.

Au bout de cinq minutes, personne n'avait trouvé le sien.

Alors le maître dit encore :

— Maintenant, prenez au hasard un ballon quelconque et envoyez-le à celui qui correspond selon le nom qu'il porte.

En quelques minutes, tous les élèves avaient le sien en main.

Enfin, le maître dit :

— Les gars, les ballons sont comme le bonheur. Personne ne le trouvera s'il ne cherche que le sien. En revanche, si chacun prend soin de celle de son semblable, tout de suite trouvera celle-là que le destin vous a réservée.

Nous avons aussi un ballon avec notre nom écrit dessus, Et à présent, plus que jamais, nous avons besoin les uns des autres.

Ce n'est pas pour toi, ni pour moi. Ce n'est pas pour les tiens, ni pour les miens. C'est parce que désormais la santé de tout le monde est entre nos mains.

Prends soin de toi pour prendre soin des autres !

Toujours la Gratitude !

____

____

____

____

____

____

____

____

____

____

____

____

____

____

____

LE MAGASIN DE DIEU

Je vais vous raconter ce qui m'est arrivé hier. J'ai quitté le travail comme tous les jours et, comme d'habitude, je me suis préparé à profiter d'une promenade réconfortante à ma maison après tant d'heures passées au bureau. Ce qui ne serait pas ma surprise de découvrir qu'il y avait un nouveau magasin dans le quartier. Curieusement, je suis entré sans réfléchir et... tiens !, un ange m'observait, souriant, de derrière le comptoir.

Étonné, je lui dit :

— Saint Ange du Seigneur, que vendez-vous ?

Il répondit :

— Je vends tous les dons de Dieu.

Alors, je lui demanda :

— Et ces dons sont-ils trop chers ?

L'ange répliqua :

— Non, non, ils sont gratuits; il n'y a rien à payer pour eux.

Je jetai un coup d'oeil au magasin. Il y avait des bouteilles de sagesse, des verres de foi, des vases d'espoir, boîtes de salut et pots d'amour.

En prenant mon courage à deux mains, je dit :

— S'il vous plaît, Saint-Ange, je voudrais beaucoup d'amour, du pardon, un verre de foi, beaucoup de bonheur et de salut pour moi et aussi pour ma famille.

Tout de suite, l'Ange du Seigneur prépara un petit paquet, si petit qu'il tenait dans la paume de ma main.

Encore plus étonné, je lui demanda :

— Comment est-ce possible que tout soit là ?

L'ange me répondit en souriant :

— Mon frère, dans le magasin de Dieu, nous ne vendons pas de fruits, mais seulement des graines.

Toujours la Gratitude !

LA COURSE DES PETITS CRAPAUDS

Il était une fois une course de crapauds où le but était d'atteindre le sommet d'une grande tour.

Il y avait une foule qui regardait la scène. Trop de gens pour les encou-rager.

La course débuta, et vu que ceux qui étaient là ne croyaient pas que les crapauds furent capables de couronner la tour, la seule chose que l'on pouvait entendre était : « Quel dommage ! Ils n'y arriveront jamais ! Non ! Ils n'y parviendront pas ».

Peu à peu, les pauvres petits animaux, fatigués et paresseux, commencèrent à abandonner la course, baissant les bras, sauf un qui continuait à monter la tour à la recherche du sommet.

Pourtant, la foule continuait à crier : « Dommage ! Il n'y arrivera certainement pas ».

Finalement, tous les crapauds finirent par se rendre. Tous à l'exception de celui qui, sans hâte, mais sans pause, ne cessait pas dans ses efforts de continuer à escalader et escalader la tour, même avec plus de force et d'énergie si possible.

À l'issue de la course, tout le monde avait jeté l'éponge, excepté lui, qui réussit à atteindre le sommet.

Devant une telle prouesse, tous les présents étaient curieux de savoir ce qui s'était passé.

Et donc, quand ils sont allés demander au crapaud gagnant comment il avait réussi à terminer le test, ils se sont alors aperçus, à leur étonnement, qu'il était sourd.

Conclusion

Ne laissez pas les personnes négatives anéantir les meilleurs et les plus sages espoirs de votre cœur.

Il y a du pouvoir dans nos paroles et dans tout ce que nous pensons. Souvent, nous devons jouer à être sourds et muets si nous voulons atteindre le sommet de la tour.

Restez positif !

Toujours la Gratitude !

DE LA VITESSE OU DE LA PERSISTANCE ?

Il était une fois un lièvre vaniteux qui se vantait d'être le plus rapide de la forêt. Le lièvre se moquait toujours de la tranquillité et de la lenteur de la tortue.

Un jour, lasse de tant de raillerie, la tortue défia le lièvre de participer à une course. Fière et arrogante, elle releva le défi. Le lendemain, de nombreux animaux se sont rassemblés pour assister à l'événement.

Le lièvre, très confiant, laissait sortir la tortue avec avantage, en restant à la sortie et se moquant d'elle. La tortue commença la course petit à petit, comme d'habitude dans son espèce, lentement et parcimonieusement, mais sûre d'elle-même et ne pensant qu'à gagner.

Peu de temps après, le lièvre se mit en marche, courant vite et à grands pas, mais, au bout d'un moment, il s'arrêta dans une prairie pour se reposer, et... hélas !, il s'était endormie ! Au réveil, notre tortue était sur le point d'atteindre l'objectif. Se rendant compte du temps qui s'était écoulé, le lièvre se leva d'un bond et courut aussi vite que possible. Cependant, il ne pas parvint à atteindre la tortue, qui venait de gagner la course.

Morale : « Il ne faut jamais se moquer des autres. Avec patience et effort, nous atteindrons nos buts ».

Toujours la Gratitude !

Réflexions

DES HARICOTS DANS LES CHAUSSURES

La légende raconte qu'un moine, sur le point de prendre sa retraite, avait besoin de trouver un successeur. Parmi ses disciples, deux d'entre eux avaient déjà montré qu'ils étaient les plus aptes. Mais il n'y en avait qu'un qui pouvait lui succéder.

Le moine leur proposa un défi pour tester leur sagesse. Tous deux recevraient une poignée de haricots qu'ils devraient mettre dans leurs chaussures, et après, monter et descendre d'une haute montagne.

Jour et heure fixés, le test débouta. Après des premiers kilomètres, un des disciples commença à boiter et, à mi-chemin, s'arrêta pour enlever ses chaussures ; les ampoules sur ses pieds saignaient déjà, ce qui lui causait une douleur intense.

Le test terminé, ils se sont réunis de nouveau au pied de la montagne pour consacrer le vainqueur. Une fois conclu la célébration, le moine qui avait perdu s'approcha de son compagnon et lui demanda comment il avait réussi à monter et descendre.

— Avant de les mettre dans mes chaussures, je les ai cuisinés !, c'était la réponse.

Conclusion

Que ce soit des haricots ou des problèmes, il y a toujours un moyen plus facile de vivre la vie. Les problèmes sont inévitables. La durée de la souffrance dépend de vous !

Autrement dit, pour changer de perspective face aux problèmes, installez-vous dans un endroit calme où vous pouvez prendre les bonnes décisions à propos de tout ce qui vous inquiète.

Séparez-vous des choses, observez-les « de l'extérieur… ». Visualisez chaque situation d'une autre manière, comme si tout allait bien se passer, et puis, libérez-vous du problème, relâchez-le, bannissez tout ce qui est source d'incertitude et de peur, en concentrant toute votre attention sur la question suivante: « Qu'est ce que je peux faire à cela ? »

Si, à la fin, vous réalisez que vous ne pouvez absolument rien y faire, Acceptez-le, puis essayez de trouver autre chose que vous pouvez faire. Rappelez-vous que vous possédez une puissante capacité de résilience.

Apprenez à cuisiner vos haricots !

Toujours la Gratitude !

Réflexions

LA FABLE DES SAISONS

Un homme qui vivait dans le désert, soucieux que ses enfants apprennaient une précieuse leçon sur la patience, les envoya à un pays où il y avait beaucoup d'arbres, mais à des périodes différentes de l'année.

Le premier fils fut en hiver, le second au printemps, le troisième en été et le plus jeune en automne.

Quand le dernier d'entre eux est revenu, le père les rassembla et leur demanda de l'informer de ce qu'ils avaient vu.

Le premier fils dit que les arbres étaient laids, à moitié incurvés et sans aucun attrait.

Le deuxième n'était pas d'accord, et il assura que, à vrai dire, les arbres étaient très verts et ils semblaient avoir un avenir très prospère.

De son côté, le troisième fils dit que les deux avaient tort, parce que, pour être honnête, ils étaient remplis de fleurs qui dégageaient un arôme incroyable.

Pour sa part, le plus jeune ne coïncidait pas non plus avec ses trois frères, affirmant que de ses branches pendaient tant de fruits qu'ils se penchaient même sous le poids.

Après avoir entendu le récit de ses quatre fils, le père leur expliqua que toutes les réponses étaient correctes, car, en fait, ils avaient vu les mêmes arbres, mais à des saisons différentes de la même année, ajoutant qu'on ne peut pas juger un arbre juste pour une saison, pas plus une personne pour une seule étape de sa vie.

Il leur dit aussi que son essence est la joie, le plaisir et l'amour, même si elles dépassent aussi des périodes apparemment négatives et douloureuses associées à la propre vie, et par conséquent, il n'est possible de tout évaluer dans son ensemble qu'à la fin du voyage, lorsque toutes les stations sont terminées.

Conclusion

Si vous abandonnez quand l'« hiver » arrive, vous perdrez les promesses du printemps, la beauté de l'été et la plénitude de l'automne.

Ne laissez pas la douleur et le désarroi d'une seule « saison » détruise la joie des autres. Ne jugez pas la vie sur une seule étape.

Persévérez sur des chemins difficiles et des jours meilleurs viendront !

Vivez avec simplicité, aimez avec générosité, prenez soin de vous, parlez avec éducation... et laissez Dieu s'occuper de tout le reste !

Le bonheur vous maintient invariablement « doux ». Le succès vous maintient invariablement « brillant ».

Les épreuves te maintiennent « fort ». Mais seul Dieu te tient « en mouvement » !

De même que l'année a des saisons, dans notre vie il y a aussi des étapes, et chacune d'entre elles contient une leçon dont nous pouvons tirer un grand profit :

L'hiver est l'étape des temps difficiles.
Le printemps, le temps des opportunités et de l'action.
L'été, le moment de la création.
L'automne, l'heure de la récolte.

En conséquence, chaque saison est importante dans notre vie.

Toujours la Gratitude !

Réflexions

LA BAGUE DU ROI

Il était une fois un roi de grande sagesse et de grand pouvoir. Un jour, le roi dit aux sages de la cour :

— J'ai une bague avec l'un des diamants les plus rares au monde et je veux cacher un message sous la pierre, de sorte qu'il puisse m'être utile dans une situation d'extrême désespoir.

Il dit encore :

— Je donnerai cette bague à un de mes héritiers. Pensez au type de message qu'il pourrait contenir, car j'aimerais que ça l'aiderait dans le futur. Comme vous pouvez comprendre, il doit être très bref pour qu'il reste bien caché sous le diamant de l'anneau.

Les sages de la cour savaient écrire de longs traités, et même s'ils pensaient et pensaient, ils ne trouvèrent pas comment le faire.

Frustré, le roi raconta, pleurnichant, ce qui était arrivé à un vieux et fidèle serviteur qui aussi, bien longtemps auparavant, l'avait été de son père, qui avait pris soin de lui depuis l'enfance et qui était pratiquement considéré un de plus dans la famille.

C'est pourquoi, pour ces raisons, il opta également de le consulter. Après quelques instants de méditation, le vieux serviteur dit :

— Je ne suis ni sage ni instruit, mais je connais bien ce message.

— Comment le sais-tu ?, demanda, surpris, le roi.

— Eh bien, voyez-vous. Pendant de nombreuses années, j'ai vécu dans le palais et j'ai rencontré beaucoup de gens. Une fois, j'ai servi un vi-siteur mystique que ton père avait invité.

Et il ajouta :

— Nous sommes devenus de bons amis et, en signe de gratitude, il me livra ce message.

Cela dit, le vieil homme sortit de sa poche un petit bout de papier, Il écrivit quelque chose dessus, le doubla et le donna au roi.

— Je vous en prie de pas le lire maintenant. Gardez-le sous la pierre de votre bague et ne l'ouvrez à moins d'être dans une situation désespérée.

Le roi écouta attentivement le vieux serviteur, et le hasard voulut que cette situation ne tarderait pas à arriver ; le pays fut envahi et le royau-me, menacé.

Le roi perdit la guerre et essayant de se sauver, il s'est enfui à cheval alors que ses ennemis étaient après lui. Il était seul et les persécuteurs, très nombreux.

Galopant, il arriva à un endroit où la route se terminait au bord d'une falaise profonde. S'il tombait, ce serait la fin.

Il était impossible de faire demi-tour, car les troupes hostiles s'approchaient. De là, il pouvait déjà entendre le grondement du trot des chevaux et les cris des cavaliers.

La situation était sans aucun doute désespérée.

Soudain, il se souvint de l'anneau. Il sortit le papier caché sous le diamant, Il le délivra et découvrit le bref message que le vieux serviteur avait écrit. En le lisant, il s'est rendu compte à quel point cela lui serait précieux dans cette dure transe.

Le message disait simplement : « Cela aussi finira ».

À ce moment précis, il remarqua que tout était silencieux autour de lui. Ses poursuivants se seraient égarés ou auraient choisi la mauvaise direction. Ni les voix, ni les chevaux ne se faisaient entendre.

Le roi était plein de gratitude envers son serviteur. Ces mots avaient été très puissants. Puis, il plia de nouveau le papier, le remit dans l'anneau, rassembla son armée, et en à peine une semaine, il réussit à reconquérir son royaume.

Le jour de la victoire une magnifique célébration était organisée, une fête à laquelle y participèrent tous les habitants du pays. Le peuple aimait son roi, et il était heureux et fier.

À un certain point de la grande fête, le vieux serviteur s'approcha du monarque et lui dit :

— Mon cher roi, il est temps pour vous de relire le message de la bague.

Le roi, étonné, répondit :

— Qu'est-ce que tu veux dire ? Je ne te comprends pas. Maintenant, je suis un gagnant, les gens célèbrent mon retour, nous avons vaincu l'ennemi. Je ne suis ni désespéré, ni dans le besoin.

— Écoute ce vieux serviteur, répliqua le vieil homme. Le message ne fonctionne pas seulement dans les moments de désespoir.

Alors le roi ouvrit l'anneau et lut : « Cela aussi finira ».

Tout de suite, il connut à nouveau la même paix et le même silence qui l'envahissaient en se trouvant près de la falaise, en dépit d'être, comme il était, au milieu d'une foule bruyante.

Peu à peu, sa fierté s'évanouit, et ce n'est qu'à ce moment-là qu'il comprit la vraie signification du message: le mal était aussi éphémère que le bien.

Le vieil homme dit alors au roi :

— Vous vous souvenez de tout ce qui s'est passé ? Rien ni aucun sentiment n'est permanent. Comme la nuit et le jour, les moments de joie et de désespoir aussi alternent les uns et les autres. Acceptez-le comme la nature des choses, comme faisant partie de la vie.

Conclusion

Ne faisons pas comme le roi de ce récit, à qui le message ne lui fut utile qu'à un moment d'adversité.

D'habitude, on retourne à Dieu seulement pour couvrir un problème et une fois qu'on a trouvé la solution, nous oublions de le remercier également pour le moment de victoire.

Le message de cette belle histoire nous propose une réflexion très précieuse pour notre vie :

« Remerciez chacune des situations qui vous sont présentées, car tout remplit une fonction déterminée dans votre vie ».

Parfois, ce sont des occasions de joie, parfois des occasions d'amélioration. Nous choisissons à chaque étape de notre chemin, et remercier chaque étape est l'une des choses les plus importantes et bénéfiques que vous pouvez faire.

Toujours la Graditude !

Réflexions

UNE TASSE DE CAFÉ SUR LE MUR

Dans la vie, nous devons faire quelque chose pour aider les autres, surtout quand il s'agit de personnes dans le besoin. Je vous invite donc à réfléchir.

À cet égard, si vous voulez, on pourrait lire une histoire ensemble qui m'a toujours frappé : celle du « café sur le mur».

Un jour, alors que j'étais assise avec mes amis dans un célèbre café de Los Angeles autour d'un café, quelqu'un est entré et s'est assis à la table à côté de nous, appela le garçon et demanda : « Deux tasses de café, une pour moi et une pour le mur ».

La façon de commander le café nous sembla très étrange. Sans perdre le détail de ce qui se passait, nous remarquâmes que le garçon ne lui servit qu'une tasse de café, mais le client en paya deux. Quand le client quitta le bar, le garçon plaça immédiatement un papier sur le mur qui disait : « Une tasse de café ». Deux autres personnes sont venues demander trois tasses de café. Le garçon mit deux sur la table et une sur le mur.

Ils ont pris les deux tasses, ils partirent, et puis, comme avant, il colla un autre morceau de papier sur le mur dans lequel on pouvait lire : « Une tasse de café ».

Bien que cette méthode paraissait être la norme à cet endroit, le fait est qu'il nous avait vraiment désorientés et nous faisait sentir comme de parfaits arrivistes. Quoi qu'il en soit, et puisque nous ne nous soucions pas trop, nous prîmes notre café, nous payâmes et nous fûmes partis.

Quelques jours plus tard, nous eûmes l'occasion de retourner dans ce bar. Pendant qu'on buvait un café, quelqu'un est entré. Leur tenue vestimentaire était inappropriée compte tenu de la classe et de l'ambiance de la salle. Il ressemblait à un sans-abri.

Il s'assit, regarda le mur et dit : « Une tasse de café sur le mur, s'il vous plaît ».

Très respectueusement, le garçon lui servit le café qu'il avait commandé en faisant preuve de son élégance habituelle.

L'homme prit son café et partit sans payer la note. Étonnés, nous vîmes le barman prendre un des papiers sur le mur et le jetait dans la poubelle.

Ce fut là le moment de vérité, car nous avions compris à quel point les habitants respectaient les pauvres. Nous nous sommes regardés en silence et on s'est mis à pleurer.

Conclusion

Le café n'est pas un besoin fondamental dans la société ou une nécessité dans la vie, mais ce qui compte vraiment, c'est que, quand on apprécie quelque chose de bien, on devrait peut-être penser aux autres.

Certaines personnes aiment ces choses aussi, mais elles ne peuvent pas se les permettre. Parlons d'abord du garçon, toujours souriant quand il servait les pauvres. Et puis, de ce sans-abri, qui, en entrant, n'a pas été forcé de perdre sa dignité, priant un café gratuit, mais il a eu assez de regarder le mur.

La tasse de café payée en trop, s'appelle « café prêt à boire ». Quelqu'un l'a payé sans même le connaître. Ceci est le vrai monde de l'amour et de la beauté.

Quelle belle leçon nous apporte ce texte ! Penser un peu au prochain.

Offrir de l'aide aux personnes dans le besoin est synonyme de solidarité, il signifie offrir un soutien inconditionnel en toutes circonstances, être attentif aux difficultés ou maux d'autrui sans rien attendre en retour, seulement avec le désir d'aider et de préserver l'intégrité de cet être aimé.

Pourquoi ne pas commencer par mettre une tasse de café sur le mur ? Ou peut-être un gâteau ? Ou les deux ?

Toujours la Gratitude !

———————————————

Note de l'auteur :

Cette habitude de payer un café à l'avance afin que, qui n'a pas d'argent pour le faire, puisse en profiter eu ses origines à Naples, en Italie, au XVIIe siècle, concrètement dans le quartier de Sanita, où la pauvreté était absolue et s'est répandue dans le monde entier.

Comment est née l'idée du « caffè sospeso »? L'écrivain italien Luciano De Crescenzo l'explique avec ces mots : « À Naples, quand quelqu'un était heureux après que quelque chose de bon soit arrivé, au lieu de payer un café, il en payait deux, le sien et celui du prochain client. De cette façon, si un sans-abri, un clochard ou une personne ayant simplement des besoins, il avait quelque chose de chaud à emporter dans l'estomac. D'une certaine manière », ajoutait De Crescenzo, «c'était comme l'achat d'un café à l'humanité ».

Réflexions

LA PRINCESSE ET L'ŒUF

L'histoire que je vous apporte ci-dessous est vraiment intéressante et cache une très importante leçon. Souvent, la vie nous offre une infinité d'opportunités qui nous passent inaperçues.

On raconte qu'une jeune et belle princesse reçut un œuf d'argent en cadeau d'anniversaire. Sa surprise était énorme et, au début, il ne savait pas quoi faire avec lui ni comment l'utiliser.

Mais en l'examinant de plus près, avec plus de diligence et d'attention, elle remarqua qu'il y avait un petit ressort caché. En appuyant dessus, l'œuf s'ouvrit, laissant un jaune d'or pur. L'intérêt de la princesse pour l'objet augmenta considérablement avec cette découverte, se préparant à enquêter sur le jaune d'or.

Elle aussi y trouva là un ressort qui, comme le précédent, s'enfonça sous la pression de ses doigts. Quelle ne serait pas sa surprise de découvrir que, dans le jaune, se cachait un bel oiseau d'argent étincelant qui ar-borait sur la poitrine une couronne multicolore, et là-dedans, un troi-

sième ressort qui ouvrait le dernier sceau. Là, il y avait une bague en diamant de la taille de son doigt !

Conclusion

Nous avons le beau cadeau qu'est le don de la vie que Dieu nous a donné et qui déguise beaucoup de choses merveilleuses. Je pense toujours que la vie est une petite boîte pleine de surprises.

Il y a des trésors précieux que nous n'avons pas découvert et que, parfois, nous ne comprenons même pas. Peut-être à cause de notre vision limitée, nous ne parvenons pas à distinguer les ressorts à actionner. Mais nous sommes invités à être persévérants et diligents dans la recherche du message de la vie.

La vie nous apprend tout ce dont nous avons besoin pour grandir et développer une existence spirituelle saine et robuste. Tout comme la bague était de la taille exacte du doigt de la princesse, le plan divin que Dieu a préparé pour vous est la mesure exacte de ce dont vous avez besoin aujourd'hui.

Jour après jour, année après année, il prend soin de chacun de nous. Nous devons toujours le remercier en toute circonstance ou adversité de la vie. Alors éveillez en vous l'intérêt d'être une personne reconnaissante et positive.

Toujours la Gratitude

Réflexions

LE CONTE DES DEUX FRÈRES

L'histoire suivante, qui attira également mon attention, traite de la pratique de l'amour.

Un ancien récit hébreu raconte l'histoire de deux frères qui se sont installés au sommet d'une montagne, en cultivant en commun une parcelle de terre. L'un d'eux était marié et avait des enfants, l'autre non. La première récolte s'avéra abondante et fut distribuée à parts égales.

Ce soir-là, le frère célibataire se dit : « Je suis célibataire, je n'ai personne à nourrir. Bien au contraire, mon frère a des enfants, dont certains sont jeunes. Ce n'est pas juste que j'aie autant de blé que lui. Je lui apporterai la moitié de mon blé sans qu'il le sache ».

Cette nuit-là aussi, le frère marié pensa : « J'ai une famille et de beaux enfants qui prendront soin de moi quand je serai vieux. Par contre, mon frère est seul... Qui s'occupera de lui quand il ne peut plus travailler ? Ce n'est pas juste que j'aie autant de blé. Je lui apporterai la moitié du mien ».

Les deux frères, joignant l'action à l'émotion, quittèrent la maison en empruntant des itinéraires différents et portant chacun la moitié de son grain à la grange de l'autre. Ainsi, le lendemain, ils découvrirent que, malgré l'effort, ils avaient toujours la même quantité de blé. La même nuit, ils répétèrent l'opération avec le même résultat.

La troisième nuit, dans leur tentative d'obtenir ce qu'ils voulaient, ils se rencontrèrent sur la route et, en voyant les chariots chargés de grain, ils réalisèrent ce qui s'était passé. En descendant du chariot, excités, ils se fondèrent dans une forte étreinte.

Conclusion

Beaucoup de personnes spiritualisent l'amour de Dieu, alors qu'en réa-lité, son amour est éminemment pratique. L'autre jour, j'ai entendu quelqu'un dire : « La conscience nous demande de rendre compte non seulement du mal que nous faisons, mais aussi du bien que nous cessons de faire ». Pratiquons donc aujourd'hui l'amour avec des faits et de la vérité.

Dans le livre d'Erich Fromm *L'art d'aimer*, on parle de la pratique de l'amour. Tout examen de la pratique de l'amour implique de considérer les prémisses de l'art d'aimer, ses approches, si on peut dire et sa pratique comme s'il s'agissait d'une œuvre d'art, parce que même pour aimer, il faut s'entraîner.

Toujours la Gratitude !

Réflexions

LA FEMME PAUVRE ET LA FEMME RICHE

Cette histoire m'a été racontée par ma mère quand j'étais encore enfant et éveilla en moi beaucoup de curiosité.

Une femme très pauvre travaillait pour une femme millionnaire, en s'occupant, entre autres, de toutes les tâches ménagères, en plus de cuisiner des gâteaux et de faire des tartes et des bonbons pour les enfants de sa patronne.

Quand les enfants avaient fini de manger, la femme ramassait la vaisselle sale et, à la fin de la journée, elle l'emmenait dans son humble maison pour la récurer et l'amener propre le lendemain.

Pendant qu'il lavait la vaisselle, il profitait des restes des bonbons pour faire la bouillie de ses enfants car ils contenaient beaucoup de protéines et de vitamines. Cette bouillie était la seule source de nourriture qu'elle pouvait offrir à ses petits, puisque la femme était très pauvre et qu'il n'y avait rien à manger.

C'est ce que faisait la bonne femme tous les jours, bien que la vérité soit que, tout en vivant dans une situation si précaire, ses enfants grandissaient forts et sains, tandis que ceux de la femme riche étaient faibles et maladifs.

Un jour, la pauvre femme dut emmener ses enfants au travail, parce qu'ils n'avaient personne avec qui rester. La femme millionnaire fut stupéfaite de voir que les enfants de la femme pauvre étaient plus forts et en meilleure santé que les siens. Intriguée, elle demanda à l'employée pourquoi ses enfants avaient l'air si fort et en bonne santé.

D'abord, la pauvre femme était réticente à révéler son secret, craignant de perdre l'occasion d'apporter la vaisselle à sa maison, car c'était la seule façon de nourrir ses enfants, mais finalement elle finit par céder et lui dire le secret.

Quand elle l'apprit, la femme millionnaire dit à la femme pauvre qu'à partir de ce jour-là, elle devrait laver la vaisselle sur le lieu de travail, en préparant pour leurs propres enfants la même bouillie avec l'eau et les restes des bonbons.

Depuis ce jour, les enfants de la pauvre femme ne plus purent manger la bouillie que faisait leur mère.

Morale : « Ne jamais révélez vos meilleurs secrets, car ils pourraient être vos armes pour le succès ».

Conclusion

Au fil du temps, j'ai compris que ce que disait ma mère était vraiment vrai. C'est naturel que l'être humain ait tendance à vouloir partager ses désirs avant de commencer à les réaliser, et souvent cela nous cause un blocage qui ne fait que cette réalité accomplie prend beaucoup plus de temps.

Ne dévoilez à personne vos secrets les plus intimes et vos meilleurs projets, pas même tes rêves, parce que tout le monde ne sohuaite pas vos succès.

J'ai appris que lorsque nous racontons nos désirs et nos rêves, l'énergie des autres peut bloquer la réalisation de tout ce que nous voulons obtenir.

Par conséquent, travaillez vos rêves et vos projets en secret. De cette façon, ils se réaliseront plus rapidement.

Toujours la Gratitude !

Réflexions

56

LE CONTE DE LA CUILLÈRE EN BOIS

Il était une fois un garçon qui s'était marié et, heureusement, s'apprêtait à fonder sa famille. Après quelques années, son père devint veuf et, en raison de son âge avancé, il déménagea à sa maison, où il habitait avec sa femme et son fils de quatre ans. Au cours du temps, l'homme vieillissait et ses difficultés physiques se sont de plus en plus aggravées.

Déjà très âgé et avec des mains tremblantes quand il s'asseyait à table pour déjeuner ou dîner avec sa famille, tout ce qu'il y avait dans l'as-siette, la cuillère ou le verre se déversait sur ses genoux, et les miettes de pain et une partie de ce qu'il mangeait tombaient sur la table.

Son fils et sa belle-fille étaient irrités par ce désastre.

— On devrait faire quelque chose avec papa, non ?, annonça, un jour, le fils. On a assez de lait renversé et de nourriture par terre.

Ils décidèrent donc de placer une petite table dans un coin de la cui-sine. Là, le grand-père mangeait seul, tandis que le reste de la famille mangeait sur la table du salon, avec la satisfaction d'avoir résolu le pro-blème.

Et puisque le vieil homme avait cassé quelques assiettes, son fils fit une cuillère, une assiette et un verre en bois. Chaque jour, le vieillard homme mangeait dans son coin et, souvent, ses yeux se remplissaient de larmes ; telle était la douleur qu'il ressentait dans l'âme à cause de la discrimina-tion et le mépris de sa famille.

L'enfant, pour sa part, observait tout en silence.

Une nuit, avant le dîner, le père remarqua que le petit était assis sur le sol en manipulant des morceaux de bois et lui demanda :

— Qu'est-ce que tu fais, gamin ?

L'enfant répondit doucement :

— Oh ! Je vais faire une assiette et une cuillère afin que maman et vous mangiez quand vous soyez vieux.

Souriant, le petit garçon de quatre ans s'apprêta à reprendre son travail. Ce qu'avait dit l'enfant eut un tel impact sur les parents, qu'ils restèrent très pensifs et les larmes ne tardèrent pas à jaillir de ses yeux.

Même sans un mot, ils savaient parfaitement ce qu'il fallait faire. Le même soir, le père prit le grand-père par la main et gentiment l'accompagna jusqu'à la table familiale.

Depuis lors et jusqu'à la fin de ses jours, il partagea tous les repas avec sa famille, et, pour une raison quelconque, le couple ne s'est jamais soucié que le vieil homme la soupe tombait de sa cuillère, le lait coulait ou la nappe était souillée.

Morale : « Tu récoltes ce que tu sèmes ».

Attention donc à ce que l'on sème ! Dans la loi de la vie, tout a son retour.

Toujours la Gratitude !

Réflexions

À PROPOS DE L'AUTEUR

Leuda Castilho Santos Oliveira est né en 1970 à Itamarajú*, une municipalité de l'État de Bahia dans la région nord-est du Brésil, bien que sa vie, dès la petite enfance, se déroule dans le domaine de la culture Pará, qui influence de manière décisive sa croissance et avec laquelle s'est toujours sentie identifiée.

Sur le plan académique, elle est diplômée en enseignement et radiologie médicale à l'Université de la Méthode de Sao Paulo, étudiant également la théologie au Brésil et au séminaire INSTE, en Espagne, après avoir déménagé à Arenys de Mar, dans la province de Barcelone, en 2008, où elle établit sa résidence et où il continue de vivre aujourd'hui.

Fondatrice et rédactrice du blog « Gratitude », elle a créé et lancé en 2021 sa propre marque: « Gratitude », avec laquelle elle continue de développer une large gamme de produits.

Comme le dit elle-même, « La gratitude en tant que concept éminemment pratique est le message fondamental qui remplit mon cœur jour après jour. Avant de plonger dans l'idée de la Grâce, touté mon expérience chrétienne avait été une lutte ardue et continue. Apprendre et connaître son essence m'a permis d'enseigner aux autres l'importance de la gratitude envers Dieu Tout-Puissant, qui bénit les êtres humains avec sa grâce ».

« Dans la vie », dit aussi l'auteur, « tout a sa place, car la gratitude nous recharge en énergie, augmente notre estime de soi, est étroitement liée au bonheur et est le meilleur antidote à la colère, à l'envie et au ressentiment ».

Avec ce livre, et alors qu'il travaille déjà sur le prochain, Leuda Castilho nous invite à pratiquer la gratitude dans n'importe quelle situation de la vie.

Toujours la Gratitude !

* "Itamarajú" est un mot de la langue tupi qui signifie «rocher des forêts de Jucuruçu», dérivé des termes «itá» (rocher), «mara» (forêts) et «ju» (première syllabe de la rivière Jucuruçu).